Lk 2138.

UN VOYAGE A CLUNY,

PAR

J.-M. Dargaud.

PARIS.

Ledoyen, Palais-Royal, galerie d'Orléans, 31.

1845.

OUVRAGES DU MÊME AUTEUR.

Solitude, 1 volume in-8º.
George, 2 volumes in-8º.
Nouvelle phase parlementaire, brochure in-8º.
Le duc de Bordeaux et la France, brochure in-18º.
Horizon politique de 1814, brochure in-8º.

Traduction des Psaumes ;
       —   de Job ;
       —   du Cantique des Cantiques.

A M. Adolphe Robles.

Vous désirez, mon cher Robles, par piété pour Cluny, donner un peu de publicité à ma lettre sur la vieille abbaye. Cette lettre n'est que le journal rapide de deux courtes missions confiées à mes soins. Puisque vous y attachez quelque prix, je vous l'abandonne. Feuille perdue comme tant d'autres, elle sera lue aujourd'hui et oubliée demain. Tandis que des bibliothèques entières s'engloutissent tour à tour dans l'océan du temps, chose divine, le moindre sentiment surnage. Que croyez-vous qui survive des milliers de volumes de l'abbaye? Une légende d'amour, la légende d'Héloïse; et le parfum d'une amitié, de l'amitié de Pierre-le-Vénérable pour Abeilard, cet inquiet et illustre représentant de l'esprit humain au XIIe siècle. Ainsi, l'érudition peut s'entasser et se perdre, la science se dissiper et s'évanouir dans la mémoire des générations; ce qu'il y a de plus doux et de plus fort au fond de l'humanité, le cœur, laisse sa trace adorable. Il n'y a que le cœur qui se souvienne toujours et qui ne meure jamais.

Adieu, et tout à vous,

J. M. DARGAUD.

Paris, le 6 janvier 1845.

UN VOYAGE A CLUNY,

PAR

J.-M. DARGAUD.

A M. Charles Lesseps.

Mon cher ami,

Vous me demandez le journal de mon pélerinage à Cluny. Je vous l'envoie. Seulement, songez au but déterminé que je voulais atteindre et aux devoirs que m'imposait la confiance du ministre. Vous comprendrez alors pourquoi je me suis presque interdit la poésie, l'art, la philosophie, la politique, et ces mille fantaisies qui jaillissent comme autant de sources vives d'un voyage de Bohémien. J'avais un itinéraire de bénédictin devant moi. J'ai dû poursuivre sans cesse mes recherches d'érudition. Je n'allais pas chasser aux émotions ou aux idées, mais aux manuscrits.

Vous le savez, l'Orient est la patrie des origines. Tout vient de là : races, langues, religions, poésies, institutions. L'Orient commence la tradition; l'Occident la reçoit, la transforme, l'achève.

La vie monastique est née en Orient comme tout le reste.

Dans l'Inde, il y eut des moines; il y eut des moines dans la Judée. Je montrerai ailleurs comment les colléges de prophètes furent les monastères de l'ancienne loi.

Le christianisme répandit partout, en Orient d'abord, puis en Occident, le goût, disons mieux, la passion de la vie monastique. Les uns, sans renoncer au monde, s'imposèrent de terribles austérités; les autres redoublèrent ces austérités, et y ajoutèrent l'isolement. Ce fut l'effort contre nature de l'héroïsme chrétien. Si sublime qu'il fût, cet effort ne pouvait durer; Dieu ne saurait suffire; il faut l'homme à l'homme.

Peu à peu les anachorètes rapprochèrent leurs huttes les unes des autres; et, cédant enfin à l'irrésistible attrait de la sociabilité, ils passèrent de leurs grottes sauvages dans les cellules d'une maison commune. *Ecce quam bonum et quam jucundum habitare fratres in unum* (1) *!*

Le monastère fut ainsi fondé.

Les moines se multiplièrent et furent bientôt innombrables. Ils couvrirent de leurs milices tout l'univers. Dès lors ils sentirent le besoin d'une constitution qui maintînt l'ordre parmi eux et qui les sauvât de l'anarchie.

Vers la fin du IVe siècle, saint Basile donna sa règle, qui s'étendit rapidement dans les contrées orientales, où elle n'est pas encore abolie.

Plus tard, au commencement du VIe siècle, saint Benoît écrivit aussi sa règle pour l'abbaye du Mont-Cassin. Cette règle eut un succès merveilleux ; elle devint le Code vénéré de toutes les religions occidentales. D'après une statistique irrécusable, au moment du concile de Constance, les *An-*

---

(1) Ps. CXXXII, 1.

nales bénédictines comptaient 15,000 abbayes, 15,000 saints, 24 papes, 200 cardinaux, 11,000 évêques ou archevêques.

Saint Benoît fut donc le législateur monastique de l'Occident, comme saint Basile l'avait été de l'Orient.

A force de sagesse, l'Institut Bénédictin mérita ses prodigieuses destinées. Il imposait le travail manuel, l'humilité, la chasteté, l'obéissance. Le gouvernement de ces sociétés de religieux est admirable. Le moine devait être pauvre, mais le monastère pouvait être riche; l'abbé était investi de l'autorité absolue. Cette autorité cependant n'était pas sans contre-poids. Elle était en quelque sorte tempérée par l'élection et la délibération. L'abbé qui voulait être réélu cherchait à se concilier par sa justice, par sa bonté, par ses ménagements, l'opinion de ceux qui tenaient en leurs mains sa révocation. Bien plus, avant de prendre une décision, il était obligé de rassembler les frères et de les consulter. « *Fais toutes choses avec conseil*, dit la Règle, *et tu ne te repentiras pas de les avoir faites...* » « *Que l'abbé convoque toute la congrégation..... Dieu révèle souvent au plus jeune ce qui vaut le mieux* (1).

L'abbaye de Cluny appartient à cette belle règle de saint Benoît, et ce sera mon excuse pour les détails qui précèdent.

Fondée en 909 par Guillaume, duc d'Aquitaine, l'abbaye de Cluny fut placée sous le patronage des saints apôtres Pierre et Paul.

Son premier abbé fut Bernon.

Odon, qui lui succéda, fut le véritable fondateur de Cluny. Sous lui et par lui, le monastère de Cluny fut *chef d'ordre*. C'est là un fait immense qu'Odon introduisit non seulement dans son abbaye, mais dans la vie monastique. Toutes les communautés nouvelles qu'il érigeait demeuraient sous son

(1) Chap. III.

autorité et gardaient ainsi l'unité des statuts, des réglements de la discipline. Il y avait autant de prieurs que d'aggrégations, mais il n'y avait qu'un seul abbé. Odon, en créant la hiérarchie, donna aux monastères du monde entier leur plus puissant élément de force et de perpétuité. Il les affermit et les cimenta pour les siècles.

La mission de tous les monastères bénédictins, et de Cluny en particulier, fut double : la prédication de la foi chrétienne et la culture des lettres.

Le zèle des clunistes était ardent, leur science profonde, leur courage héroïque. Au mépris de toutes les privations et de tous les périls, ils portèrent partout les lumières de l'Évangile. Le paganisme, l'hérésie n'eurent pas de plus redoutables ennemis, ni le christianisme de plus intrépides propagateurs.

L'érudition bénédictine est proverbiale. Tous les couvents de ce grand ordre furent les dépositaires, les gardiens des manuscrits les plus précieux qui furent copiés, commentés par les moines, par saint Grégoire-le-Grand, Bède, Alcuin, et mille autres d'une égale renommée.

Un mérite singulier de Cluny, un mérite immense, c'est le rôle conciliateur de ses abbés dans toute la suite de l'histoire. L'abbé de Cluny fut presque toujours le diplomate de la paix, au milieu de l'Europe, le Talleyrand religieux des papes, des rois et des peuples. Ce rôle de l'abbé, ce rôle de négociateur, d'arbitre permanent, est, je ne crains pas de l'affirmer après un examen attentif, la plus remarquable originalité du monastère de Cluny.

De là le secret de tant de puissance et de richesses. Le respect des fidèles, la reconnaissance des pontifes et des princes furent sans limites, et des dons prodigieux comblèrent l'abbaye.

Cette prospérité fut toujours croissante jusqu'à saint Hugues, le fondateur de la colossale Église ; jusqu'à Pierre-le-Vénérable, le plus illustre des abbés de Cluny, l'ami de saint Bernard et de Suger ; l'écrivain abondant, souple, onctueux, intarissable, le Fénélon du cloître ; l'hôte sublime sur le sein duquel Abeilard vint reposer sa tête blanchie et son cœur désolé ; la Providence visible qui, après avoir accueilli le maître errant, le grand tribun scolastique du moyen-âge, remit avec une miséricordieuse bonté ses restes mortels à celle qui n'avait point cessé de se souvenir et dont la passion refoulée était encore vivante et brûlante sous les marbres du Paraclet. Admirable pitié du saint abbé ! adorable sympathie d'un ange mystique pour un ange terrestre, de la pureté pour l'amour !

Pierre-le-Vénérable marque le plus haut progrès de l'abbaye, la tolérance de ses goûts et l'universalité de ses travaux. Saint Odon, le vrai créateur de Cluny, eut un rêve. Trop épris de Virgile, il vit en songe un beau vase antique rempli de serpents. Ce songe lui sembla un avertissement du ciel, et il renonça sans murmurer au charme des littératures profanes. Pierre-le-Vénérable, deux cents ans plus tard, eut un autre rêve : le même vase antique, le vase de saint Odon lui apparut aussi durant son sommeil. Ce vase était d'ivoire et d'or, d'une forme achevée, orné des plus délicates ciselures ; mais au lieu de serpents, il était tout rempli de fleurs. On sent la portée de ce nouveau symbole. L'antiquité grecque et romaine, les livres classiques, les poètes, les historiens, les orateurs avaient reconquis leur droit de cité dans le monastère, à côté des théologiens et des Pères de l'Église.

Après Pierre-le-Vénérable, l'abbaye déclina de siècle en

siècle. L'élection passe des moines aux rois et à leurs ministres. Les grandes familles de la cour s'abattent sur ces riches domaines comme sur une proie. Les maisons de Bourbon, de Guise, de Bouillon, de Larochefoucauld, gouvernent successivement, et de loin, le monastère ; les nobles abbés sont plutôt des propriétaires avides que des chefs religieux. L'abbaye devient un domaine privé.

Elle finit, comme elle avait commencé ; avec trente moines.

Et cependant, à l'époque de ses splendeurs, elle avait compté dix mille moines sous la crosse de son abbé. Elle avait reçu à la fois dans l'immensité de ses édifices, le roi de France et sa cour, le pape, ses cardinaux, ses évêques, et leur suite.

Elle avait possédé dans son *trésor* de prodigieuses richesses, tout ce que les métaux et les pierreries offrent de plus précieux, tout ce que l'art peut enfanter de plus exquis et de plus délicat ;

Des statues d'or et d'argent ;

Plus de mille châsses et reliquaires admirablement ciselés et tout étoilés de rubis, de diamants et d'émeraudes ;

Des croix, des candélabres d'or, d'argent, de cristal, d'ivoire ; des calices de vermeil, des mitres tout étincelantes de perles ;

Des vêtements sacerdotaux, des tapis, des mosaïques, des tableaux inestimables ;

Un cartulaire où les papes, les rois et les abbés avaient déposé leurs titres les plus rares ;

Enfin des manuscrits innombrables, des missels enluminés, des curiosités bibliographiques d'un grand intérêt, des bibles imagées des treizième, quatorzième quinzième et seizième siècles.

Au milieu d'une bibliothèque toute pleine des grandes collections ecclésiastiques et classiques, on distinguait plusieurs livres dont on voudrait retrouver les traces au prix de mille peines : le premier livre de la Genèse avec des notes autographes de saint Augustin; le Psautier de saint Jean-Chrysostôme; plusieurs manuscrits d'Abeilard et de Pierre-le-Vénérable ; quelques sermons de saint Bernard, une Vie de Charlemagne, par Alcuin ; et le manuscrit latin sur lequel le roi Alfred avait traduit l'Histoire de Paul Orose.

Les guerres religieuses, la révolution, et le temps, ce grand destructeur, ont-ils tout consumé? Peut-on ramasser quelques miettes de ce grand festin de l'art? Peut-on glaner quelques épis de ce champ monastique autrefois couvert de si belles moissons? Quelques restes ont-ils survécu aux déprédations, aux vols, aux ravages, aux incendies des huguenots, à l'auto-da-fé de 93 ?

Telles sont, mon cher ami, les questions que le ministre de l'instruction publique m'avait encouragé à résoudre, et auxquelles j'ai consacré tous mes soins pendant plusieurs mois. Vous avez désiré connaître mon voyage de bénédictin ; le voici dans son ordre chronologique :

A Paray-le-Monial, juillet.

Cette petite ville participe d'Autun et de Cluny, de la cathédrale et du cloître ; elle est doublement religieuse.

J'ai exploré la mairie, les bibliothèques particulières et trois sacs de parchemins laissés par Dom Bodron dont je parlerai plus tard. Je n'ai découvert ni livre rare, ni manuscrit précieux. Les nombreuses pièces que j'ai feuilletées n'offrent qu'un intérêt local.

A *Marcigny*, *Semur*, *Avrilly* et *Ansy*, juillet.

Je n'ai recueilli de mes trois voyages à Marcigny qu'un mécompte et une espérance.

Quelques personnes m'ont affirmé avoir vu deux lettres autographes et inédites de Grégoire VII à saint Hugues. J'ai frappé à toutes les portes ; mes démarches ont été vaines. Seulement, m'assure-t-on, l'évêque ou M. le comte de Vitry ont acheté les lettres. Je ne négligerai rien pour le savoir.

Semur est le berceau de saint Hugues, le noble fondateur de l'église de Cluny. Je ne pouvais manquer, suivant une tradition secrète, de trouver des papiers inestimables dans une boîte de fer-blanc scellée de sept sceaux, conservée depuis des siècles et tombée en la possession des héritiers d'un ancien curé de Semur. Cette boîte a été ouverte ; elle ne contient rien de très précieux et surtout rien de relatif à saint Hugues et à Cluny.

En revanche, j'ai découvert deux missels de l'abbaye transportés par un ancien élève du collége de Cluny dans une bibliothèque particulière. L'un de ces missels est d'un haut intérêt : il ne porte pas de date, mais il est probablement du XVIe siècle. Il renferme plusieurs enluminures fort curieuses et des dessins qui courent avec une féconde variété et une merveilleuse fantaisie sur toutes les marges. Ces dessins représentent toutes les scènes de l'Ancien et du Nouveau Testament, les anges, les saints, les prophètes, les docteurs ; ils représentent aussi le commencement de la danse des morts. Le terrible squelette armé de sa faux, et d'un rire plus tranchant que sa faux, vient prier à la danse fatale, avec mille poses et mille contorsions burlesques, tous les rangs, tous les âges, tous les sexes, depuis le pape et l'empereur jusqu'au bûcheron, depuis la reine et la princesse jusqu'à la bergère que son chien défend en vain. Ce qu'il y a de remarquable dans ce livre, ce sont les jeux hardis de l'esprit qui s'éveille. Partout on aperçoit Satan comme l'ombre de l'Éternel, et le symbolique serpent apparaît sous toutes ces fleurs de l'art et de la religion. Notre instinct moqueur s'égaie en grotesques figures dans ces riches vignettes, comme dans les bas-reliefs des cathédrales, au cœur même de nos instincts les plus sérieux, les plus sévères, les plus sacrés. On sent s'élever de ces pages charmantes et bizarres le souffle aride qui devait passer en fin sourire sur les lèvres d'Érasme, tonner en sarcasme sanglant de la bouche de Luther, et ruisseler de celle de Voltaire en mortelle, amère et brillante ironie.

Avrilly, la villa de saint Hugues, ne garde rien de son illustre maître. De l'abbaye elle n'avait que deux livres : un livre d'Heures que je n'ai pu arracher qu'en lambeaux des mains d'un enfant qui le traînait depuis deux mois dans la poussière ; un livre de lutrin magnifiquement colorié dont je n'ai vu que les débris.

A *Ansy* je n'ai pas aperçu la trace d'un papier ou d'un parchemin. Le noble prieuré n'a conservé qu'un nom. Je me trompe, il y a là un manuscrit de pierres vives, une admirable église romane perdue hors de tout chemin, ignorée par les uns, méconnue par les autres. Cette église est du neuvième siècle : elle est antérieure aux églises de Paray et de Semur. Ce sont trois chefs-d'œuvre, dont le premier est purement roman, tandis que les deux autres où le cintre aspire à l'ogive, marquent la transition de l'architecture romane à l'architecture gothique.

A Charolles, août.

Je n'ai pu retrouver deux sermons inédits de saint Bernard : le premier sur la charité, le second sur l'amour de Dieu. Ces sermons étaient encore, il y a quinze ans, dans la bibliothèque de Charolles. Je n'en ai pas découvert la moindre trace ; j'aurai, j'espère, un dédommagement ; je finirai peut-être par acquérir un livre bien précieux pour l'histoire et pour l'art.

A Autun, septembre.

J'ai compulsé les archives, j'ai consulté les plus vieux prêtres, et M***, le plus jeune des chanoines et le plus savant des antiquaires d'Autun. Cette ville n'a rien hérité des dépouilles de Cluny ; mais elle a beaucoup de richesses particulières, et ce serait une mine féconde à exploiter.

A Cluny et à Mâcon, octobre et novembre.

Tout ce qui reste de l'immense abbaye peut se diviser en trois classifications : les cartulaires, les livres, les manuscrits. J'en ai fait dresser la liste, et, en quelque sorte, le catalogue, en m'aidant des travaux antérieurs de M. Chavot, jurisconsulte distingué que la presse vient d'enlever à l'érudition.

Les cartulaires qui embrassent une étendue de quatre

siècles, du commencement du dixième à la fin du treizième, exigeraient à eux seuls un labeur de plus d'une année. Beaucoup de chartes qu'ils renferment sont publiées; plusieurs sont inédites, les unes insignifiantes, les autres d'un incontestable intérêt. Le conseil municipal de Cluny permettrait de les étudier sur les lieux ; il ne s'en dessaisirait à aucun prix, et jamais il ne consentirait soit à les vendre, soit à les échanger, soit à les déplacer. Sur tous ces points, sa détermination est inébranlable.

Les livres n'ont qu'une importance très secondaire, et tout échange serait facile. Il y a, entre autres ouvrages, une Bible polyglotte fort belle ; mais il n'y a rien là de curieux, de rare, d'inconnu, rien qui ne soit déjà dans les grandes collections du gouvernement.

Les manuscrits sont au nombre de cent. En général, ils sont dépareillés et de peu de valeur. Presque toutes les vignettes ont été coupées par les élèves de l'ancien collége, et par un fonctionnaire de l'empire qui, sous le prétexte de mettre en ordre la bibliothèque, l'a dilapidée et mutilée.

Trois manuscrits ont surtout attiré mon attention la plus sérieuse et la plus passionnée.

Je vais vous dire pourquoi, mon cher ami.

En 1838, je passai quelques mois à Paray, dans ma famille.

Paray-le-Monial était autrefois une colonie bénédictine, une ruche de moines comme l'indique son nom. Elle a conservé son église et son couvent de femmes. Son aspect ressemble encore à un cloître. C'est là, dans cette petite Cluny, qui lui retraçait du moins une ombre, une image de ce qui n'était plus, que s'était retiré Dom Bodron, le dernier moine de l'immense abbaye. Il avait une vieillesse robuste qu'il attribuait à ses habitudes régulières et à ses longues courses dans la campagne.

Je le rencontrai un soir de juin dans une prairie d'où l'on aperçoit le monastère, l'église et la ville. Le vieux moine était assis au pied d'une haie; il était triste et recueilli.

Je l'abordai avec la familiarité qu'une parenté lointaine avait mise entre nous.

— A quoi pensez-vous donc ainsi tout seul, mon père?

— A quoi je pense, mon cher enfant? Toujours à la même chose que vous n'avez pas vue, et dont vous ne verrez jamais la pareille, à l'abbaye de Cluny. L'édifice a été démoli, les moines ont été dispersés, puis ils sont morts. Il n'y a plus que moi. Je survis aux pierres et aux moines.

— Cette maison de Paray vous rappelle un peu, n'est-ce pas, celle de Cluny? Et voilà pourquoi vous l'aimez.

— Sans doute; mais qu'est-ce que cela près de l'abbaye?

— N'avez-vous rien sauvé, en 93, de vos antiquités?

— Hélas! mon enfant, nous étions tous frappés d'épouvante. Dans ce moment de trouble inexprimable où il fallut passer sans retour le seuil de notre chère maison, je n'emportai qu'un calice, un beau calice aux armes de Pierre et Paul, mes patrons, un calice où je dis la messe chaque jour depuis cinquante ans. Maintenant, il y a trois manuscrits que je regrette avec larmes et que tous les trésors des rois ne paieraient pas.

— Lesquels, mon père?

— Un Traité sur Dieu et ses perfections infinies par Pierre-le-Vénérable; la vie de Charlemagne par Alcuin, dissimulée sous ce titre: *La Somme de saint Thomas*; et le manuscrit dont se servit Alfred-le-Grand pour traduire l'histoire de Paulus Orosius.

Tels étaient les trois manuscrits les plus précieux de l'abbaye.

— Le premier de ces livres était de droit votre propriété ; mais comment les deux autres, la Vie de Charlemagne et le manuscrit d'Alfred, étaient-ils en la possession de l'abbaye ?

— Ces questions sont naturelles, mon enfant. Vous ignorez notre tradition ; je vais vous la dire.

La Vie de Charlemagne est d'Alcuin, qui en fit un petit nombre de manuscrits. Charles-le-Simple donna l'un de ces manuscrits à Guillaume, duc d'Acquitaine, notre fondateur. Le bon duc, en instituant notre maison, offrit le royal présent à Bernon, notre premier abbé ; et voilà comment le livre d'Alcuin fut le plus ancien de l'abbaye. Dans les guerres religieuses, nous eûmes l'heureuse idée de le soustraire à la cupidité de nos ennemis en le cachant sous ce faux titre : *Somme de saint Thomas*. Ce titre lui est resté, et c'est dans sa reliure d'emprunt qu'on le retrouvera, n'en doutez point.

— Et le manuscrit d'Alfred ?

— Le manuscrit d'Alfred est un manuscrit latin qui lui servit pour sa traduction de Paulus Orosius. Ce manuscrit fut à Alfred-le-Grand ; ses yeux l'ont vu, ses mains l'ont touché, et cette grande relique fut toujours respectée à l'égal de la *Vie de Charlemagne*.

Comment il nous arriva, le voici :

Le monde entier connaît l'étroite amitié qui unissait le frère du roi d'Angleterre, l'archevêque de Winchester, à notre illustre abbé Pierre-le-Vénérable. Cette sainte amitié qui dura jusqu'à la mort, s'entretenait par des messages continuels. De si loin, les deux grands personnages s'écrivaient sans cesse et s'adressaient des présents. Or, c'était dans l'église de Winchester que le corps d'Alfred, tous ses parchemins et manuscrits avaient été déposés, et c'est de là, de sa cathédrale, que le prince archevêque envoya, comme un trésor inestimable, à son ami, l'abbé de Cluny, le manuscrit latin nommé depuis, parmi nous, le *Manuscrit d'Alfred-le-Grand.*

— Et ces trois livres, le Traité de Pierre-le-Vénérable, la vie de Charlemagne et le manuscrit d'Alfred, que pensez-vous qu'ils soient devenus, mon père?

— Probablement ils ont été volés et non brûlés. J'espère donc qu'ils se retrouveront. Dieu, qui a permis tant de choses, ne permettra pas que de tels livres soient à jamais perdus.

En achevant ces mots, le vieux moine se leva, car la cloche du couvent sonnait l'office de la Vierge. Dom Bodron me salua de la main et s'achemina vers l'église. Je le suivis quelque temps des yeux ; puis j'écrivis rapidement au crayon ce qu'il venait de me dire et je continuai ma promenade. Bientôt j'oubliai cet entretien et cette note jusqu'au jour où M. le ministre de l'instruction publique eut la pensée de me donner une mission pour Cluny. Alors je me rappelai ma conversation avec Dom Bodron ; je retrouvai les lignes presque effacées où j'avais fixé la tradition, et je résolus de chercher avec ardeur la trace des manuscrits vénérés. Toutes mes investigations dans les bibliothèques privées et publiques de la Bourgogne avaient été inutiles. Enfin, j'entrai sous les voûtes de l'abbaye, je retrouvai le long corridor autrefois peuplé de moines et de cellules, et je pénétrai dans les deux salles obscures où des ruines de pierre abritent des ruines de parchemin. J'examinai, je feuilletai, je partis, je revins. Je parcourus les chartes, les livres, et je triai, parmi les manuscrits, trois manuscrits.

Je pensai d'abord, dans un manuscrit du douzième siècle, retrouver le traité inédit de Pierre-le-Vénérable sur Dieu et ses perfections. C'était bien un ouvrage du grand abbé, mais un ouvrage connu, le traité contre les Juifs, *Contra Judæos*.

J'admirai, dans ce traité, que Pierre-le-Vénérable fût un si passionné dialecticien, un si puissant controversiste. Les hautes et douces natures, lorsqu'elles sont en même temps fortes et fécondes, excellent dans la discussion. Ainsi Fénélon fut incomparable dans sa lutte contre Bossuet.

J'eus un second mécompte.

Je crus un instant avoir découvert la *Vie de Charlemagne*, par Alcuin. On sait que cette précieuse vie était intitulée : *Somme de saint Thomas d'Aquin*.

Saint Thomas a fait deux Sommes : la première est une Somme de la foi contre les Gentils, et cette Somme est une défense du catholicisme, comme la Cité de Dieu de saint Augustin, et comme l'histoire de Paul Orose.

La seconde Somme de saint Thomas est la plus belle et la plus importante : c'est la Somme théologique. Or, ma joie fut courte. Je tenais bien la première partie de la seconde Somme de saint Thomas d'Aquin, *Prima secundæ Summæ sancti Thomæ de Aquino*; mais ce n'était pas la *Vie de Charlemagne*. La seconde partie de cette Somme a été volée. Il est infiniment probable qu'elle contenait l'œuvre d'Alcuin.

Je n'avais plus qu'une espérance; mais cette fois elle ne devait pas être déçue.

J'avais bien le manuscrit de l'histoire d'Orose, de ce prêtre de Tarragone qui demeura un an à Hippone auprès de saint Augustin, un an à Bethléem auprès de saint Jérôme, et qui, en 416, revint trouver en Afrique le docteur de la Grâce. C'est alors que saint Augustin lui conseilla de répondre aux païens qui accusaient le christianisme de tous les malheurs qui affligeaient le monde. Telle est l'origine de la compilation historique d'Orose, dont le titre primitif était celui-ci : *De miseriâ hominum*. Le disciple de saint Augustin cherche à prouver par les faits que l'humanité, à toutes les époques, est frappée des mêmes fléaux : il justifie ainsi le christianisme. Ce livre, au surplus, manque de critique ; il ne faudrait pas le consulter avec une déférence trop absolue. C'est un plaidoyer naïf et confus où il y a moins de science que de conscience.

L'histoire de Paul Orose a eu toutefois un immense retentissement. Elle a été traduite et publiée dans toutes les langues modernes.

La première édition, très rare et très recherchée, est celle de Jean Schusler ; elle est de 1471 (in-folio, Augsbourg).

Il y eut de l'histoire d'Orose une version anglo-saxonne faite par le roi Alfred, à la fin du IXe siècle, et qui parut à Londres en 1773, avec une version anglaise d'après le saxon.

Or, c'est précisément le manuscrit d'Alfred, le manuscrit sur lequel il traduisit, que j'ai découvert. Aucun doute sur son authenticité n'est possible. Il n'y avait dans la bibliothèque de l'abbaye qu'un seul manuscrit de l'histoire d'Orose, et ce manuscrit, gardé précieusement, était le manuscrit du roi Alfred. La reliure est moderne et la tranche de couleur rouge, deux circonstances toujours rappelées par D. Bodron. Enfin la date est deux fois à la fin du volume : *anno ab incarnatione DMDCCC*, et la forme de l'écriture vaut mieux que la date.

J'ai obtenu sur ma garantie d'apporter avec moi ce manuscrit. Après avoir convaincu le ministre, je solliciterai de sa justice pour la ville de Cluny une généreuse indemnité qui, je l'espère, ne sera pas refusée (1).

A Fours et à Saint-Gratien (dans le Nivernais), décembre.

Nulle trace des deux lettres inédites de Grégoire VII ; voyage inutile. J'en suis doublement contrarié. J'aurais été heureux de retrouver deux lettres de ce grand pape qui était un si grand homme, j'aurais été heureux de les offrir au ministre, son éloquent historien.

A Charolles, décembre.

Je n'avais pas trouvé à Marcigny, à Autun, ni à Saint-Gratien les lettres de Grégoire VII, je n'ai pas trouvé non plus ici les sermons de saint Bernard.

L'année prochaine peut-être les trouverai-je. Les possesseurs de manuscrit sont méfiants ; leur premier mouvement est presque toujours ombrageux, le second mouvement est quelquefois confiant et sympathique.

C'est ce qui m'est arrivé à propos d'un admirable missel qui m'a été refusé d'abord, et qui cette fois m'a été accordé avec une généreuse courtoisie. Ce manuscrit du XVe siècle est orné de merveilleuses enluminures et de charmantes vignettes. Il n'est pas fait seulement avec talent, mais avec sensualité. Ces fraises, ces ceps de vigne, toutes ces

(1) Ce désir est satisfait. Tout ce que j'avais pressenti a été reconnu, constaté. Ce manuscrit d'Alfred est le plus ancien P. Orose que possède la Bibliothèque royale. Elle vient de l'acquérir.

fleurs et tous ces fruits où l'artiste catholique se complait, montrent assez que le règne de l'esprit est passé. Les habitudes ascétiques ne sont plus dans les cloîtres; le moine est devenu sybarite.

Voici, mon cher ami, l'histoire de ce manuscrit et toutes ses fortunes. Il était au cardinal de Bouillon, neveu de Turenne et abbé de Cluny. Le cardinal de Bouillon était le plus fastueux des grands seigneurs de l'église. Pendant que le prince de Condé dépensait en un jour à Chantilly pour mille écus de jonquilles, le cardinal de Bouillon dépensait à Rome cent mille livres par mois, et ne sortait le soir qu'entouré de quarante pages et de soixante valets de pied avec des flambeaux de cire blanche.

Il avait ce livre qui m'est confié.

C'était un présent digne d'être offert par un cardinal à un pape.

M. de Bouillon le donna donc à Clément X.

De pontife en pontife ce manuscrit se transmit jusqu'à Pie VII.

Pie VII aimait ce noble et beau livre. Enlevé de Rome par Murat, il emporta son missel au-delà des Alpes, à Grenoble, puis à Savone, puis à Fontainebleau, dans toutes les villes de sa captivité. Forcé de quitter Fontainebleau le 22 février 1814, le pape oublia son précieux manuscrit sur son prie-dieu. A douze lieues de là, il s'en aperçut et renvoya un de ses officiers à franc-étrier. L'officier arriva, demanda le livre de Sa Sainteté. Un général, qui se trouvait là par hasard et qui n'était pas de service, répondit qu'il avait fait sa tournée et qu'il n'y avait rien dans l'oratoire du pape. Il engagea l'officier pontifical à chercher lui-même. L'officier chercha en vain et retourna les mains vides.

Or, le missel n'était pas perdu; il était conquis précisément par le général qui avait si bien reçu l'officier du Saint-Père. Après le départ de Sa Sainteté, le livre lui avait paru beau et il s'en était emparé. Il lui avait semblé piquant de prendre et de garder l'épée du pape, comme il disait. Il la garda en effet quelques années ; puis un jour, il demanda plaisamment à l'une de ses amies si elle désirait l'épée du pape. Cette amie est la veuve d'un célèbre conventionnel. Elle ne savait ce que voulait dire le général ; cependant à tout hasard, elle accepta. Le lendemain, le général vint la voir de meilleure heure que de coutume; il lui apportait le livre du pape. L'année dernière, Mme... fit présent de ce livre à son frère M..... qui a bien voulu consentir à me le céder. Il ne veut en retour ni livres, ni argent; il souhaiterait un tableau. Je le lui ai promis sous la réserve des droits du ministre. J'ose espérer que je ne serai pas démenti, et que cette occasion sera saisie de doter la Bibliothèque royale d'un livre qui, par son exécution achevée, ses illustres possesseurs, et ses singulières aventures, appartient à l'art, à l'histoire et au roman.

Voilà, mon cher ami, ce que j'avais à vous dire de mon voyage. Si j'ai eu un peu de succès, j'en fais hommage au ministre et je l'en remercie au nom des lettres.

Je n'oublierai jamais ce pélerinage à Cluny. J'ai pu regarder de près une grande institution, une grande ruine. Cluny, l'un des centres de l'univers, l'un des centres de la religion, de la politique et des idées, n'est plus, hélas! qu'un souvenir, et d'elle rien n'intéresse que le passé. Je l'ai visitée avec tristesse dans sa tombe qui croule ; j'ai contemplé avec respect les restes de son prieuré, de ses cloîtres, de ses arceaux gothiques; j'ai suivi avec émotion le cours de sa grône, sinueux et voilé comme un mystère ; je me suis reposé avec recueillement sous le tilleul planté par Abeilard, et je suis revenu tout courbé sous les impressions de l'histoire et de la poésie, par ce chemin où marchait à l'amble la mule de saint Hugues, de Hildebrand, de saint Bernard, et qui conduit à un autre centre d'idées et de gloire, au château de Saint-Point, à la demeure de Lamartine. En face de tant de décombres, de ces débris de pierres, de moines, de livres et de siècles, je me suis incliné devant Dieu, dont les œuvres subsistent et se renouvellent éternellement quand meurent toutes les œuvres de l'homme. Il n'y a là plus d'abbaye, plus de gigantesque église romane, à peine un vieux clocher qui penche, une chapelle qui s'affaisse ; mais il y a toujours un soleil qui resplendit, un printemps qui germe, un ciel d'azur, une terre de moissons, des arbres qui se revêtent et qui verdissent, des oiseaux qui chantent dans les bois, et le joyeux matin qui s'éveille, et la rosée qui scintille, et la lumière qui ruisselle au milieu de l'éternelle jeunesse et de l'éternelle vie.

J. M. DARGAUD.

www.ingramcontent.com/pod-product-compliance
Lightning Source LLC
Chambersburg PA
CBHW060608050426
42451CB00011B/2151